anythink

PARTICIPACIÓN CÍVICA
LUCHAR POR LOS DERECHOS CIVILES

EL MOVIMIENTO DE LOS PUEBLOS INDÍGENAS DE ESTADOS UNIDOS

Sarah Machajewski

**Traducido por
Esther Sarfatti**

PowerKiDS
press.
Nueva York

Published in 2017 by The Rosen Publishing Group, Inc.
29 East 21st Street, New York, NY 10010

First Edition

Translator: Esther Sarfatti
Editorial Director, Spanish: Nathalie Beullens-Maoui
Editor, English: Caitie McAneney
Book Design: Mickey Harmon

Photo Credits: Cover (image) Pictorial Parade/Archive Photo/Getty Images; cover, pp. 1, 3–32 (background) Milena_Bo/Shutterstock.com; pp. 5, 9 Image courtesy of the Library of Congress; p. 7 Encyclopeaedia Britannica/UIG/Getty Images; p. 10 https://en.wikipedia.org/wiki/American_Indian_boarding_schools#/media/File:Chiricahua_Apaches_Four_Months_After_Arriving_at_Carlisle.jpg; p. 11 https://en.wikipedia.org/wiki/Treaty_of_Fort_Laramie_(1868)#/media/File:Photograph_of_General_William_T._Sherman_and_Commissioners_in_Council_with_Indian_Chiefs_at_Fort_Laramie,_Wyoming,_ca._1_-_NARA_-_531079.jpg; p. 13 https://en.wikipedia.org/wiki/National_Congress_of_American_Indians#/media/File:Representatives_of_various_tribes_attending_organizational_meeting_of_the_National_Congress_of_American_Indians..._-_NARA_-_298658.jpg; pp. 15, 17, 19, 21, 23, 25 Bettmann/Contributor/Bettmann/Getty Images; p. 22 Ralph Crane/Contributor/The LIFE Picture Collection/Getty Images; p. 27 Education Images/Contributor/Universal Images Group/Getty Images; p. 29 NICHOLAS KAMM/Staff/AFP/Getty Images.

Cataloging-in-Publication Data

Names: Machajewski, Sarah, author.
Title: El movimiento de los pueblos indígenas de Estados Unidos/ Sarah Machajewski.
Description: New York : PowerKids Press, 2017. | Series: Trabajar por los derechos civiles | Includes index.
Identifiers: LCCN 2016037062| ISBN 9781499433067 (pbk. book) | ISBN 9781499432961 (6 pack) | ISBN 9781499433074 (library bound book)
Subjects: LCSH: Indians of North America–Politics and government–Juvenile literature. | Indians of North America–Government relations–Juvenile literature. | Indians of North America–Civil rights–Juvenile literature. | Red Power movement–United States–Juvenile literature. | American Indian Movement–Juvenile literature. | Indians, Treatment of–United States–Juvenile literature.
Classification: LCC E93 .M113 2017 | DDC 323.1197–dc23
LC record available at https://lccn.loc.gov/2016037062

Manufactured in the United States of America

CPSIA Compliance Information: Batch #BW17PK: For Further Information contact Rosen Publishing, New York, New York at 1-800-237-9932

CONTENIDO

LA LUCHA POR LO QUE YA SE PERDIÓ

En 1776, los líderes de la colonias estadounidenses firmaron la Declaración de Independencia, la cual anunciaba al mundo que "todos los hombres son creados iguales". La historia nos ha demostrado que es mucho más **complicado** que eso. En Estados Unidos, muchos grupos de gente han sufrido discriminación, o han sido tratados injustamente.

Los pueblos indígenas de Estados Unidos han recibido un trato injusto desde que llegaron los europeos a las Américas. Durante siglos, estos pueblos han visto morir a su gente a manos del hombre blanco y han sufrido la pérdida de sus tierras y de sus derechos. En los años 60, se organizó un movimiento formal para recuperar lo que ya se había perdido. El movimiento indígena estadounidense dirigió la atención del país a las injusticias sufridas por los pueblos indígenas. Hoy en día, todavía hay gente que lucha para corregir los errores del pasado.

¿Qué es la discriminación?

La discriminación es el trato injusto que se basa en la raza, edad, sexo, discapacidad u otra característica de alguien. Una persona suele ser víctima de discriminación cuando los demás la consideran "diferente". Esto puede ser debido al color de su piel, la religión en la que cree o la persona a la que ama. La discriminación existe en la vida diaria, y tristemente, también en los tribunales. En Estados Unidos, se aprobaron muchas leyes que legalizaron la discriminación. Los grupos de **activistas** tuvieron que trabajar muy duro para derogar estas leyes y conseguir un trato igualitario para todo el mundo.

LOS PRIMEROS PUEBLOS DE LAS AMÉRICAS

La historia de los indígenas estadounidenses se remonta a varios miles de años. Es posible que sus **antepasados** hayan vivido en Norteamérica hace unos 15,000 años. Muchos **antropólogos** creen que llegaron desde Asia, por un puente de tierra, y se asentaron por todo el continente. Con el tiempo, el contacto entre ellos se perdió y se desarrollaron de forma independiente cientos de **culturas** diferentes. Estos pueblos fueron los primeros en ocupar las Américas.

Aunque es posible que los indígenas estadounidenses compartan los mismos antepasados, cada cultura tiene sus propias tradiciones, creencias y formas de vida. Durante miles de años, las naciones tribales tuvieron sus propios sistemas de gobierno y orden social. La mayor parte de estas culturas vivieron así hasta el siglo XV, cuando los europeos cruzaron el océano y reclamaron la tierra para sí.

Actualmente, el puente de tierra usado por los antepasados de los indígenas estadounidenses está cubierto por agua. El nivel del mar subió y cubrió la tierra hace miles de años, después de la última edad del hielo.

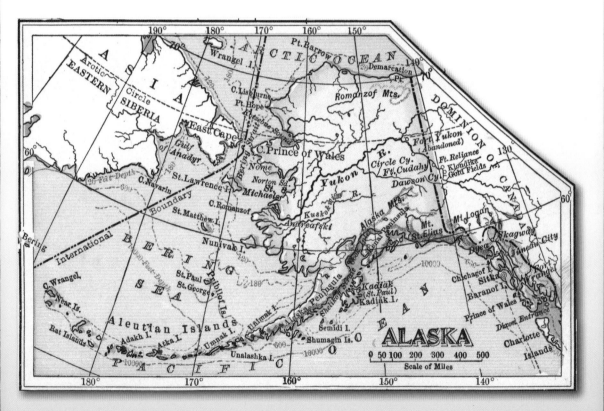

LLEGAN LOS EUROPEOS

Cuando los europeos llegaron a las Américas, pensaron que habían llegado a una tierra desconocida y desocupada. En lugar de eso, encontraron pueblos con culturas muy desarrolladas. A estos pueblos los llamaron "indios". Los europeos llamaron "Nuevo Mundo" a estas tierras, aunque solo era nueva para ellos.

La vida de los indígenas estadounidenses cambió para siempre después de la llegada de los europeos. Estos trajeron caballos, armas de fuego y enfermedades, como la viruela. Miles de indígenas murieron de estas amenazas desconocidas. A medida que los europeos establecían sus colonias, fueron venciendo a las naciones indígenas y la gente se vio obligada a abandonar sus tierras. Debido a las guerras y los **tratados**, poco a poco fueron perdiendo su poder y sus libertades. Con el paso del tiempo, la población blanca llegó a ser más numerosa que la de los indígenas, los cuales se convirtieron en **minoría** en la tierra que antes había sido suya.

THE JUDGE.

Esta viñeta política de 1885 muestra a un hombre indígena como una serpiente que está estrangulando a una familia blanca, mientras le da de comer el tío Sam, un símbolo del gobierno de Estados Unidos. Al fondo, unos indígenas estadounidenses atacan un asentamiento blanco. Esta viñeta es racista y discriminatoria, ya que muestra al indígena de forma caricaturesca y negativa.

Los términos correctos

Según la Oficina de Asuntos Indígenas de Estados Unidos, los términos "indio estadounidense" y "nativo de Alaska" son los dos preferidos para referirse a la gente que pertenece a una tribu reconocida en Estados Unidos. El término "nativo americano" se popularizó en los años 70. Según la Oficina de Asuntos Indígenas de Estados Unidos, este término describe a "todos los pueblos nativos de Estados Unidos y sus territorios, entre ellos los indios estadounidenses, nativos de Alaska, nativos de Hawái, chamorros y samoanos estadounidenses, así como a las personas de las primeras naciones de Canadá y las comunidades de México y de América Central y del Sur que sean residentes de Estados Unidos".

PROMESAS ROTAS

Según Estados Unidos se fue expandiendo hacia el oeste, los colonos blancos iban echando a los indígenas de sus tierras. En parte, Estados Unidos consiguió hacer esto gracias a los tratados que obligaban a firmar a los indígenas. Muchos de estos tratados decían que los grupos de indígenas estadounidenses darían sus tierras a cambio de extensiones de tierra más pequeñas al oeste del río Misisipi. Estas tierras se llamaban reservas.

Obligados a integrarse

A lo largo de la historia, a los indígenas estadounidenses se les ha obligado a integrarse en la sociedad de los blancos. Entre 1880 y 1902, hasta 30,000 niños indígenas fueron apartados de sus familias y obligados a estudiar en internados que a veces estaban a miles de millas de distancia. No se les permitía hablar sus lenguas maternas, practicar sus creencias tradicionales ni llevar ropa típica. Les dieron nombres nuevos y los obligaron a aprender a integrarse en la sociedad blanca. Esta terrible forma de discriminación separaba a los niños indígenas de sus familias y sus hogares con el propósito de borrar su verdadera identidad cultural.

De 1778 a 1871, el gobierno de EE.UU. y las naciones tribales establecieron sus relaciones, sobre todo, mediante tratados. Muchos tratados están todavía en vigencia. Esta ilustración muestra la firma de un tratado de paz entre el general William T. Sherman y sus comisionados y los jefes sioux, en Laramie, Wyoming, en 1868.

El gobierno de Estados Unidos comenzó a establecer las reservas a partir de 1778. A lo largo del siglo XIX, millones de indígenas fueron obligados a mudarse a tierras que actualmente se encuentran en Oklahoma, Dakota del Sur y Arizona, así como a otros territorios en el Oeste. Las condiciones en las reservas eran terribles. La gente no tenía suficiente comida, ropa adecuada ni casas. No recibieron los bienes ni el apoyo que se les había prometido. El gobierno de Estados Unidos había roto

LOS COMIENZOS DE UN MOVIMIENTO

A mediados del siglo XX, la vida en las reservas seguía siendo difícil para los pueblos nativos. Muchas de las casas en las reservas no tenían ni electricidad ni agua corriente. La gente sufría de enfermedades graves, como el alcoholismo y la diabetes. La mayor parte de la gente solo había estudiado durante cinco años, por lo que tenía pocas oportunidades para encontrar trabajos bien pagados. Con una esperanza de vida de tan solo 44 años en 1970, la tasa de mortalidad entre los indígenas estadounidenses era un tercio más elevada que la del resto de la población de Estados Unidos.

La **resistencia** formal a esta condiciones comenzó durante la Segunda Guerra Mundial. El Congreso Nacional de Indios Americanos (NCAI por sus siglas en inglés) se formó en 1944 para proteger los derechos de tierras de los indígenas estadounidenses y mejorar las oportunidades educativas de los pueblos nativos. Esto fue el comienzo de lo que se convertiría en

Esta foto muestra a varios representantes tribales en una reunión del Congreso Nacional de Indios Americanos, en 1944. Todos los hombres de la foto asistieron a la escuela de indígenas Carlisle. Actualmente, la NCAI es la organización más antigua y más grande de indígenas estadounidenses y nativos de Alaska.

'Ex Carlislers'
National Congress of American Indians
Denver, Colo. Nov. 15-16-17-18-1944

LA VIDA
EN LA CIUDAD

La pobreza y la falta de empleo eran realidades para los indígenas estadounidenses que vivían en las reservas. En 1952, el gobierno de Estados Unidos lanzó el Programa de Reubicación Indígena. Este programa animaba a los indígenas a mudarse a las grandes ciudades para encontrar empleo. Se les prometió viviendas, dinero, formación y otros recursos. Sin embargo, las viviendas eran muy pobres y no había tantos empleos ni oportunidades educativas como les hicieron creer.

La vida en las ciudades era muy diferente a la vida en las reservas, y a muchos indígenas les costó trabajo adaptarse a su nuevo entorno. Extrañaban a sus familias y su cultura. Los indígenas también fueron víctimas de racismo y discriminación en casi todos los lugares adonde fueron. En algunas ciudades, la policía perseguía a los indígenas en los lugares públicos donde solían reunirse.

Se sabe que durante los años 60 en Minneapolis, Minnesota, los agentes de policía blancos maltrataban a los indígenas estadounidenses. Cuando la policía usa violencia de manera injusta y practica la discriminación, eso se llama brutalidad policial.

ES HORA DE LUCHAR

Cansados de la discriminación sufrida por su gente, los indígenas estadounidenses formaron grupos de activistas para luchar por sus derechos. Entre 1957 y 1959, los tuscaroras de Nueva York bloquearon los intentos del gobernador del estado de convertir su reserva en embalse, o lago artificial. Las mujeres tuscaroras organizaron gran parte de la resistencia, bloqueando los equipos de construcción con sus cuerpos y quitando las **estacas** que se habían colocado en la tierra.

En 1961, se formó el Consejo Nacional de la Juventud Indígena. Conocidos por su comportamiento **militante**, los miembros de este grupo organizaron protestas, manifestaciones y marchas. Este grupo fue el primero en utilizar la expresión "poder rojo". Se inspiraron en el movimiento del poder negro, que también luchaba en esa época por los derechos y poder político de los negros.

A lo largo del siglo XX, los estados del noroeste del Pacífico trataron de hacer caso omiso de los tratados que daban a los indígenas el derecho de cazar y pescar dentro y fuera de las tierras de las reservas. En los años 60 y 70, muchos grupos de indígenas estadounidenses defendieron este derecho a través de "protestas pesqueras", durante las cuales no obedecían las leyes de la pesca. En esta foto de 1966, los pescadores indígenas pescan salmón durante una protesta en el río Nisqualy, en Washington.

Desobediencia civil y derechos civiles

Los años 50 y 60 fueron tiempos de cambio en Estados Unidos. Los indígenas estadounidenses, los afroamericanos, las mujeres y otros grupos minoritarios que sufrían discriminación comenzaron a luchar por los derechos civiles y la igualdad. Muchos grupos practicaron la desobediencia civil, negándose de forma pacífica a obedecer las leyes. Esto se puede hacer a través de protestas no violentas, marchas, sentadas, huelgas de hambre, etc. Las "protestas pesqueras" fueron una forma de desobediencia civil. Algunos grandes líderes de los derechos civiles, como Mohandas Gandhi y Martin Luther King, Jr., estaban a favor de esta práctica.

17

EL MOVIMIENTO INDÍGENA ESTADOUNIDENSE

En las ciudades, los indígenas estadounidenses de diferentes orígenes se reunieron para hablar de sus ideas y creencias. Pronto los unió el espíritu del activismo político.

El grupo activista más conocido fue el Movimiento Indígena Estadounidense (AIM por sus siglas en inglés). Fue fundado por Dennis Banks, George Mitchell, Clyde Bellecourt y Eddie Benton Banai en Minneapolis, Minnesota en julio de 1968. Este grupo intentaba resolver los problemas de los indígenas estadounidenses, tales como la discriminación en los tribunales y la negación de los derechos establecidos en los tratados. Sin embargo, el primer trabajo del AIM fue enfrentarse a la brutalidad policial y el racismo en Minneapolis. Los miembros del AIM siguieron a los policías de Minneapolis para filmarlos cuando atacaban y detenían a los indígenas en los bares. Trabajaron para asegurarse de que la policía tratara de forma justa a los indígenas o para ayudarlos a evitar a la policía.

Dennis Banks

Russell Means

Dennis Banks y Russell Means fueron líderes importantes del Movimiento de Indígenas Estadounidense.

LUCHANDO PARA HACERSE OÍR

El Movimiento Indígena Estadounidense creció rápidamente. Unas 200 personas asistieron a la primera reunión en Minneapolis. Al llegar el año 1970, ya tenía 5,000 miembros. En 1973, había 79 grupos. Se había convertido en una asociación nacional.

Según crecía el AIM, también aumentaban sus actividades activistas. Se organizaban marchas, protestas y sentadas. Su abogado ayudaba a los indígenas estadounidenses a resolver asuntos legales. La asociación trabajó para mejorar el acceso a la vivienda de los indígenas y ayudaba a la gente a mudarse. También comenzaron un programa de radio y un boletín, y los líderes presentaban programas en los congresos. En 1972, el AIM ayudó a fundar escuelas comunitarias en Minneapolis y Saint Paul, Minnesota. En la Escuela de Supervivencia Corazón de la Tierra y la Escuela Roja, los estudiantes podían aprender acerca de la cultura indígena. Estos programas ayudaron a mejorar las vidas de los indígenas estadounidenses.

Después de siglos de discriminación y prejuicios, los indígenas estadounidenses se enfrentaban a dificultades que causaban fuertes desventajas para ellos. Los grupos activistas como el AIM trabajaban para sacar a su gente de estas **circunstancias**.

LA OCUPACIÓN DE ALCATRAZ

En 1969, un hombre mohawk llamado Richard Oakes organizó a un grupo de indígenas estadounidenses y otra gente simpatizante para que ocuparan la isla de Alcatraz en la bahía de San Francisco. El 20 de noviembre, un grupo de unos 100 activistas llegaron a la isla y la reclamaron simbólicamente para los indígenas estadounidenses. La ocupación terminó el 10 de junio de 1971.

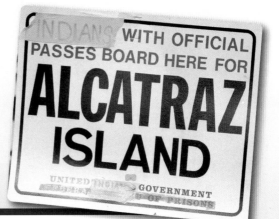

¿Qué pasó en Alcatraz?

La ocupación de la isla de Alcatraz duró 19 meses. Aunque hubo esfuerzos desde el principio por establecer la organización y el liderazgo en la isla, con el paso del tiempo se hizo más difícil controlar al grupo. Los líderes no pudieron mantener el orden, algunos de los manifestantes originales se fueron y hubo peleas entre la gente que estaba en la isla. Además, el gobierno cortó la electricidad y el suministro de agua. En las noticias se hablaba de violencia y robos en la isla, y los ocupantes perdieron rápidamente el apoyo de la gente.

Durante la ocupación de la isla de Alcatraz, el gobierno devolvió 48,000 acres (19,425 ha) de tierra a los indios taos.

Los ocupantes tenían varios objetivos en mente. Querían la **escritura** de la isla, la cual había estado ocupada por gente indígena durante miles de años antes de convertirse en parte de Estados Unidos. También querían crear una universidad, un museo y un centro cultural indígena estadounidense. En definitiva, querían mostrar al mundo que los indígenas estadounidenses necesitaban la **autodeterminación**. Hoy en día, la autodeterminación de los indígenas es una política oficial del gobierno.

EL CAMINO DE
LOS TRATADOS ROTOS

Uno de los principales objetivos del AIM era obligar al gobierno de Estados Unidos a respetar los tratados que firmó con las naciones de indígenas estadounidenses. El 23 de octubre de 1972, se reunieron los activistas indígenas en Minneapolis y crearon una lista de demandas que querían presentar al gobierno. Conocida como los Veinte Puntos, esta lista, escrita mayormente por Hank Adams, decía que los indígenas querían ser dueños y tener control total sobre las tierras tribales.

Los miembros del AIM llamaron su viaje a Washington D. C. el Camino de los Tratados Rotos. Cuando llegaron, los representantes del gobierno no quisieron recibirlos. El 2 de noviembre de 1972, tomaron control del edificio de la Oficina de Asuntos Indígenas y lo ocuparon durante seis días. Esta ocupación sirvió para llamar la atención del país sobre su causa, tanto positiva como negativamente. Los manifestantes recibieron $66,000 para cubrir el coste del viaje, y el gobierno dijo que leería el documento de los Veinte Puntos.

Estos dos hombres montan guardia en Wounded Knee, South Dakota, en 1973. La ocupación armada de la reserva Pine Ridge le produjo la muerte a dos nativos americanos y heridas a otros.

Wounded Knee II

En los años 70, hubo disturbios políticos en la reserva indígena de Pine Ridge en Dakota del Sur. Un grupo de gente tradicional Lakota quería que un líder tribal renunciara a su puesto. Llamaron a los miembros del AIM para que ocuparan el pueblo de Wounded Knee, lo cual hicieron el 27 de febrero de 1973. Esto dio lugar a un enfrentamiento, y luego un tiroteo, entre el AIM y la policía federal. La ocupación terminó el 8 de mayo, pero la prensa negativa le costó al AIM la pérdida de mucho apoyo público.

EL ACTIVISMO HOY EN DÍA

El movimiento de derechos civiles de los indígenas estadounidenses comenzó a perder fuerza a finales de la década de los 70. Algunos miembros del AIM no se llevaban bien entre ellos, y muchos de sus líderes fueron a la cárcel por su papel en Wounded Knee II. Aunque la organización nacional se disolvió en 1978, había grupos locales que siguieron con el trabajo activista.

Hoy en día, los indígenas estadounidenses siguen enfrentándose a numerosas dificultades. Mucha gente aún sufre de pobreza, falta de educación y oportunidades laborales y problemas de salud. El racismo y la discriminación también siguen existiendo. Muchas escuelas y equipos deportivos usan símbolos de los indígenas estadounidenses como **mascotas**; y esto es una costumbre racista. Los activistas indígenas trabajan para llamar la atención sobre estos asuntos, pero es responsabilidad de todos crear un mundo respetuoso, seguro y justo para toda la gente.

La mayoría de los símbolos y mascotas que usan elementos culturales de los nativos estadounidenses son denigrantes e irrespetuosos. El uso de mascotas es una manera de apropiarse de sus culturas.

LA LUCHA CONTINÚA

El AIM y otros grupos activistas de indígenas estadounidenses han luchado para intentar conseguir cambios. Gracias a su trabajo, se aprobó legislación importante, como la Ley de Derechos Civiles Indígenas (1968), la Ley de Educación Indígena (1972) y la Ley de Mejora de la Atención Médica para Indígenas (1976). Consiguieron llamar la atención del país sobre la gente indígena estadounidense y los problemas que sufren sus comunidades. Su trabajo influyó en las reformas políticas a nivel federal.

Pero la lucha sigue. Hasta que no exista una sociedad en la que la gente de todas las culturas, religiones y razas reciba el mismo trato, los grupos de activistas seguirán trabajando para dirigir la atención sobre sus causas. El futuro de los indígenas estadounidenses está en sus manos y en las nuestras. Algún día, puede que la tierra que fue originalmente de estos indígenas se convierta por fin en un lugar tolerante e igualitario.

Una manera de expresar el orgullo por su propia cultura es vestir, durante una protesta, la ropa tradicional. Este hombre está protestando pacíficamente contra una extensión del sistema del Keystone Pipeline. Esta adición, llamada Keystone XL, amenaza la tierra sagrada de muchos indígenas entre Canadá y Misuri. En 2015, el presidente, Barack Obama rechazó la propuesta de Keystone XL.

CRONOLOGÍA

1778
El gobierno de Estados Unidos inicia su política de hacer tratados con las naciones indígenas estadounidenses.

1800 (década)
Miles de indígenas estadounidenses son obligados a mudarse a reservas al oeste del río Misisipi.

1944
Se forma el Congreso Nacional de Indios Americanos.

1952
El gobierno de Estados Unidos lanza el Programa de Reubicación Indígena.

1960 y 1970 (décadas)
Los indígenas estadounidenses organizan "protestas pesqueras" como forma de ejercer los derechos concedidos en los tratados.

Julio de 1968
Se forma el Movimiento Indígena Estadounidense (AIM) en Minneapolis.

2 de noviembre de 1972:
Activistas indígenas estadounidenses se apoderan de la Oficina de Asuntos Indígenas en Washington D. C. durante las protestas del Camino de los Tratados Rotos.

23 de octubre de 1972
Se reúnen los activistas indígenas estadounidenses en Minneapolis para redactar el documento de protesta de los Veinte Puntos.

1978
Activistas indígenas estadounidenses organizan la Marcha Más Larga, una marcha espiritual para concienciar a la gente acerca de los derechos civiles de los indígenas.

GLOSARIO

activista: Alguien que actúa firmemente a favor o en contra de un problema.

antepasado: Una persona que pertenece a una familia y que vivió antes que las otras.

antropólogo: Alguien que estudia la historia y el modo de vida de la gente.

autodeterminación: El proceso por el cual una nación determina su independencia y forma su propio gobierno.

circunstancia: Una situación, o las cosas que están en el entorno de alguien.

complicado: Que tiene muchas partes.

cultura: Las creencias y modo de vida de un grupo de gente.

escritura: Un documento legal que demuestra la propiedad de un terreno.

estaca: Un poste fuerte de madera o metal que se clava en la tierra para marcar algo.

mascota: Persona, animal u otra cosa que se usa como símbolo de un grupo o equipo para traer buena suerte.

militante: Apoyo agresivo de una causa.

minoría: Un grupo de personas que de alguna manera son diferentes de la población general.

resistencia: El hecho de negarse a aceptar o obedecer algo.

tratado: Un acuerdo formal entre gobiernos.

ÍNDICE

SITIOS WEB

Debido a la naturaleza cambiante de los enlaces de internet, PowerKids Press ha elaborado una lista de sitios web relacionados con el tema de este libro. Este sitio se actualiza de forma regular. Por favor, utiliza este enlace para acceder a la lista: www.powerkidslinks.com/civic/airm